AF310820

LK. 2738.

HISTOIRE
MIRACVLEVSE
DV S. SACREMENT
DE L'AVTEL,

Qui est demeuré en l'air sans estre soustenu de rien, l'Autel sur lequel il reposoit ayant esté bruslé sans que le Ciboire fut offencé des flammes,

Ce fust le iour de Pentecoste dernier, en l'Abbaye & Monastere nostre Dame Fauuerne, de l'ordre sainct Benoist, en Bourgogne.

Tiré des memoires & attestations que le grand Prieur, Religieux de diuers Conuents, officiers dudit lieu, en ont enuoyé à Monseigneur le Reuerendissime Archeuesque de Besançon.

A LYON,
PAR IEAN POYET.
M. DCVIII.
AVEC PERMISSION.

HISTOIRE
MIRACVLEVSE DV

Sainct Sacrement de l'autel, qui
est demeuré en l'air sans estre
soustenu de rien, l'autel sur lequel
il reposoit ayant esté bruslé sans
que le Ciboire fut offencé des
flammes, le iour de Pentecoste
dernier, en la bourgade de Fauuerne en Bourgogne, en vn Monastere de l'ordre S. Benoist.

*Tiré des memoires & attestations que le
grand Prieur, Religieux de diuers
Conuents, & officiers dudit lieu en
ont enuoyé à Monseigneur le Reuerendissime Archeuesque de Besançon.*

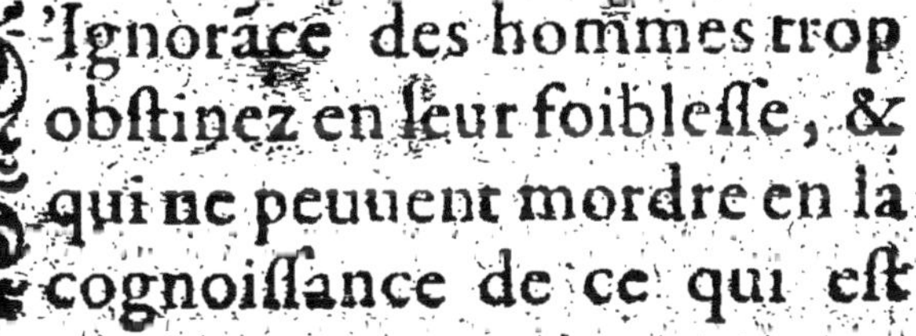

'Ignorace des hommes trop
obstinez en leur foiblesse, &
qui ne peuuent mordre en la
cognoissance de ce qui est

des œuures mysterieuses de Dieu , & du
mystere de sa grandeur, entre tant de
merueilles que iournellement il fait pa-
roistre en son Eglise. Sa bonté veut par-
fois en arriuer du tout des visibles, pour
surmonter l'opiniastreté, & esclaircir les
nuages qui esblouÿssent aucūs en leurs
trop lourdes imaginations, qui se veulēt
mesler de mouler toutes sortes de secrets selon leur perfection au coing de
leur foiblesse, & n'en peuuent mouler
que tout à rebours, & sans aucune pro-
portion à leur essence : mesme quand il
est question de monter aux secrets de
Dieu où les plus clair-voyás sont aueugles. Et ses aueugles entreprennēt encore de vouloir corriger la lumiere. C'est
vn gouffre trop profond, & que la force
de l'humain pouuoir ne peut sonder iusques au fōds, & ne s'en approche de plus
pres pour le recognoistre, que quãd il dit
qu'il n'y voit goutte, & qu'il se confesse
vaincu, non pas vouloir encór faire l'entendu, comme plusieurs font, & veulēt
mesurer vn si vaste Oceã à l'aune de leur
pouuoir; où ils se perdroient sans doute,
si ceste mesme bonté le regardãt de l'œil
pitoyable de sa douceur ne leur tendoit

le

le bras comme pour les ramener à bord,
& ne leur faisoit signe par quelque es-
clat de ses faueurs pour leur monstrer
qu'ils sont esgarez. Les vns sont opinia-
stres, & ne veulét croire que ce que leur
opinion leur fait voir possible: les autres
quoy que croyás en partie sont si froids
en ceste croyance, qu'ils demeurét quasi
estourdis , & ne sçauent comment ils
croyent, les autres ne croyent du tout
rien; & tous trempent à l'erreur : car ce
n'est pas à l'hôme de pouuoir atteindre
à la cognoissance d'vn si haut subiet, &
partant il doit captiuer la raison, & s'ap-
puyant seulemét sur le base de la foy, se
laisser conduire par l'Eglise vniuerselle
conduitte par le S. Esprit qui le prenant
par la main le meneroit au port de l'e-
ternité : là où se voulant fier à son iugement il se va precipiter à trauers ses fan-
tasies où il se laisse surprédre, & tellemét
lier à son outrecuidance, que si ce grand
Pilote n'auoit compassion de sa misere,
il luy seroit impossible de s'en pouuoir
desuelopper: mais que ne fait-il pour les
redresser?

Ce n'estoit pas assez d'auoir laissé for-
mellement sa parole , & dit qu'il laissoit

son corps au S. Sacremẽt de l'autel, mystere d'autant plus grand que difficille-
ment le sçauroit on comprendre, disant,
Cela est mon corps, cela ne suffisoit pas, il
en falloit voir les effets, autremẽt on ne
pouuoit aiouster foy à sa parole s'il n'y
auoit d'autres preuues plus euidẽtes, &
l'esprit grossier de l'homme ny pouuoit
ancrer; & neantmoins y vouloit ancrer,
& y semoit l'absurdité de ses opiniõs, ne
se pouuant arrester aux viues paroles de
ceste Verité supreme, & mesmes en nostre temps, où nous voyons ce diuin mystere si mal entendu & compris, au grãd
desaduantage de la pieté & de la religion : mais qu'est-il besoin de faire pour
esclarcir tous ces embroüillemés ? Dieu
ne se fasche pas pour voir ainsi tenir si
peu de conte de sa parole sacrée, ains
seulement cognoissant que c'est vn trop
haut suiet, & qui ne peut estre compris
par la foiblesse de l'homme, il ne tourne
point cela à mespris, & comme se corri-
geant soy-mesme, ou s'expliquãt par les
œuures, il monstre que ce qu'il a dit est
vray en effect, & que ce S. Sacrement est
vrayement son corps, contre ceux qui
veulẽt que ce soit tãt seulemẽt la figure.

Or

Or voicy comme il y procede en cest
exemple, dont nous vous mettrons icy
les attestacions qui en ont esté enuoyees
par les Religieux de Fauuerne à Monseigneur le Reuerendissime Archeuesque de Besançon.

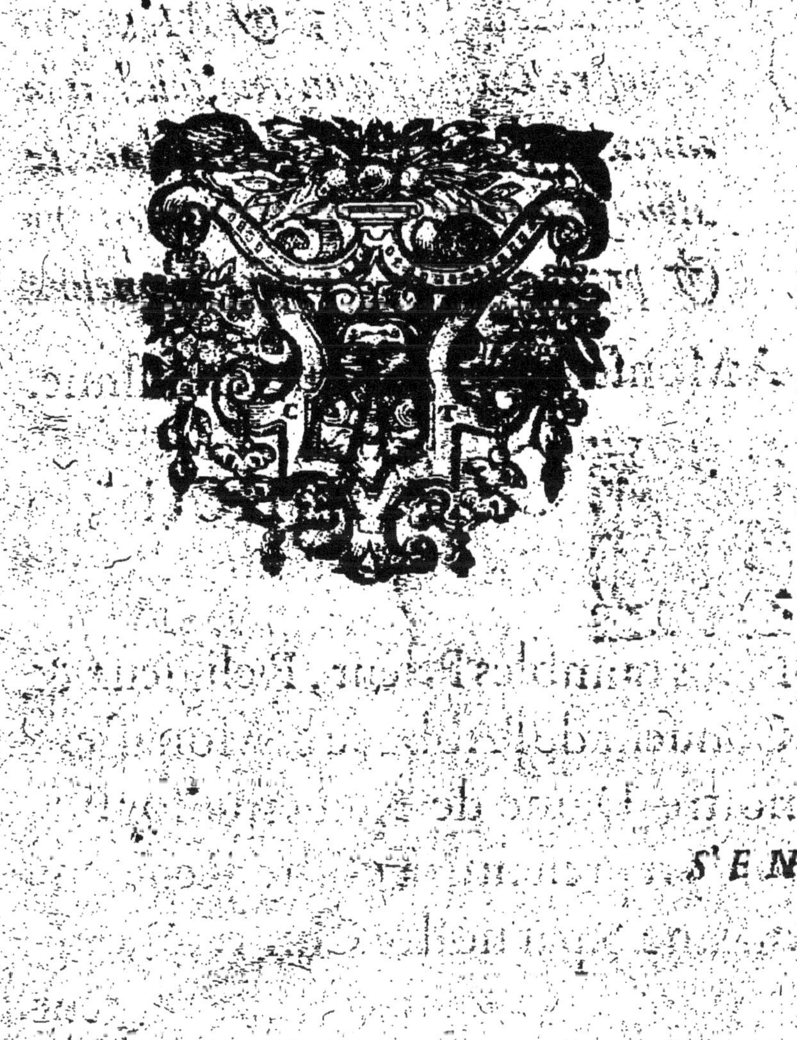

S'EN

S'ENSVIT LA COPPIE de l'aduertissement, donné à Monseigneur le Reuerendissime Archeuesque de Besançon, par Messieurs les venerables grand Prieur, Religieux & Conuët de l'Abbaye & Monastere nostre Dame Fauuerne, touchāt le miracle aduenu en l'Eglise de ladicte Abbaye, à l'endroit du S. Sacrement & precieux corps de nostre Seigneur.

A Monseigneur le Reuerendissime.

MOnseigneur,

Nous humbles Prieur, Religieux & Conuent de l'Abbaye & Monastere nostre Dame de Fauuerne soubsignez representos à vostre Reuerendissime S. par nostre Confrere pour-

teur

teur de ceſte:que côme en l'ânee mil
ſix cens & quatre, meſſire Iean Garnier Preſtre Religieux , & Secretain
de ladicte Egliſe , ait obtenu de ſa
Sainéteté vne indulgence & pardon
pour dix ans à tous ceux & celles qui
ſe preſenteront en deuoir confez &
repentans en ladite Egliſe au iour &
feſte de Pentecoſte & les deux iours
feriez d'icelle , il auroit eſté celebré
continuellement,comme encore en
l'annee preſente 1608. pour la deco-
ration deſquelles Indulgéces Same-
dy dernier, veille dudit iour de feſte
Pentecoſte, fuſt dreſſee vne table en
forme d'autel, joignant aux gênes &
fermetures du cœur & grãd autel de
ladite Egliſe,en la partie gauche de
l'entrée, ornée & reueſtie aux deux
coſtez, & par le dernier de pluſieurs
draps d'autel & autres linges de va-
leur, & d'vn tapis de ſatin rouge, par

le deſſus couuert du poeſle ou Days
de ladite Egliſe qui ſe porte aux pro-
ceſſions ſolennelles, ou eſt porté
le precieux Corps de noſtre Seigneur : & ſur ladite table à vne palme pres de la partie poſterieure fut
dreſſé vn petit Tabernacle de bois,
orné & reueſtu d'autres draps, tant
de ſoye que d'autre eſtoffe, la baſe
duquel eſtoit ſouſtenu d'vne petite
plâche de bois, & ſur icelle vn marbre conſacré, entaillé en vne autre
pierre de bois, reueſtu de pluſieurs
corporaux : & au milieu duquel petit tabernacle fut reueremment po-
ſé vn reliquaire d'argent, la baſe duquel eſt comme celle d'vn calice, &
y a vn tuyau de Criſtal ſouſtenu de
deux branches, dans lequel y a cer-
taines reliques, dont aucuns diſent
eſtre le doigt de Sainɛte Agathe, &
au deſſus vn cercle de la meſme ma-

tiere

tiere, dans lequel estoit enclos le pre
cieux Corps de noftre Seigneur en
deux hofties confacrees, couuerts de
deux vitres tranfparantes, & fur ledit cercle vne fort petite croix de
mefme metail, au deuát duquel fu-
rent pofees deux lampes de verre
ardentes, telles qu'on vfe aux Egli-
fes, fur deux chandeliers d'eftain : &
demeura le tout en tel eftat iufques
fur la nuict : & apres le feruice dudit
iour de Pétecofte acheué, & les portes de ladite Eglife fermees comme
de couftume, à l'ouuerture d'celles,
fur les trois heures du lundy matin,
le Secretain eftant entré en ladite E-
glife pour fonner les matines, il a
trouué tout ledit autel & tabernacle
embrazé & confommé de feu : de-
quoy tout efperdu, nous ayant ha-
ftiuemét aduerty, nous nous y fom-
mes tranfportés, & illec veu & reco-

gnu l'effect. Pourquoy & en grand
crainte & tremeur, recerchant dans
les cendres si le precieux corps de
nostre Seigneur auroit esté compris
en icelles, rien n'y a esté trouué, &
soudainement l'vn de nous tenant
les yeux contre lesdites gennes, le
susdit Reliquiaire a esté veu & reco-
gnu à l'endroit d'icelles gennes soustenu en l'air, sans lesion ni macule,
ni apparence d'aucun support ma-
nifeste: & où il est encore à present
au mesme estat, encore que lesdictes
gennes soient estez fort esbranlez
tant en ouurant les portes que par la
violance du feu ayant bruslé le bas
du pouteau qui soustiét ladicte partie gauche, ioint que desia & dé lóg
téps elles sont mal asseurees & quasi
en perpetuel mouuement, du moins
quand elles sont tant soit peu tou-
chees & heurtees, & de plus qu'ayát
esté

esté la place par nostre ordonnance
barree de quelques pierres , de bois
pour empescher le tumulte & côfu-
sion du peuple , elles ont esté aussi
fort esbrālees par plusieurs fois sans
qu'a l'occasion desdits esbranlemens
ny autrement ledit Reliquiaire & sacré Corps soit esté aucunement es-
brālé ny remué de sa place où il fust
premierement par nous treuué & où
il est encore à present. Et quand à ladite table elle a esté bruslee & quasi
consumee du tout , lesdits tabernacle , bois & draps dont il estoit faict
& l'entablement dudit marbre du
tout ars & entieremét reduit en cendres, ledit marbre fort endommagé
du feu & rompu en trois pieces, estāt
aussi la Bulle dudit pardon escripte
en parchemin demeuree entiere &
bien lisable, fors que le parchemin
est en quelque endroit quelque peu

retiré & comprimé de la force du
feu, & le Seau d'icelle foudu laquel-
le estoit semblablement sur l'autel,
ny ayant demeuré aucun vestige
desdicts linges & boys , ny dudict
daix ou poëlle, fors qu'au milieu d'i-
celuy la partie qui couuroit ledict
tabernacle semble n'auoir pas esté
atteinte du feu & a treuué parce que
dessus le susdict sainct Reliquaire
auoir esté transporté de la distance
d'vne palme iusques à la susdicte
genne, & comme tel transport, sou-
stenement, euasion, & exemption
des flammes du susdict tres-precieux
Corps ne peut, a nostre aduis, estre
iugé autrement que miraculeux.
Nous ayans de ce conferé auec les
Reuerends Peres Capussins de Ve-
zou soubsignez par nous mandez &
appellez : & a esté resolu de donner
le present aduertissement à vostre

Reue

Reuerendiſſime Seigneurie, ſans y
vouloir en rien attoucher que par
ſon authorité & decret, la ſuppliant
tres-humblement d'y vouloir or-
donner & declarer ce qui luy ſem-
blera bon d'y eſtre faict , Signé de
Meſſieurs les Religieux de ladicte
Abbaye.

I. SARRON.   P. GARNIER.

N. CLEMEN.   ROYER.

NOIRET.   CHALON.

BRENIER.

ATTES

ATTESTATION.

NOVS Soubsignez Attestons auoir veu & soigneusement regardé le susdict Reliquiaire auec des cierges, sans auoir apperceu aucun lieu ou il peut estre supporté.

Frere VINCENT SIENNE Capussin.

F. THIMOTHEE de Dole Capussin.

F. RVFFIN de Lyon Capussin.

Addi

Addition.

MONSEIGNEVR,

Despuis ceste escritte, nous estans sur le point de la clorre pour l'enuoyer à vostre Reuerendissime Seigneurie, Sur les dix heures du matin ce iourd'huy vingt septtiesme, le sieur Curé de Menoux estant venu en procession en nostre Eglise & celebrant Messe au grand autel ou assistant vne grande affluence & multitude de peuple le cierge qu'estoit allumé deuant le Reliquaire c'est estaint luy mesme par trois fois & à la troisiesme sur le point mesme que ledit sieur Curé traittoit leleuation du Corps de N. Seigneur sans estre esmeu & aucunement esbranlé a coulé doucement sur vn aix que le Reuerend Pere Vincent Capucin y auoit fait poser dés le iourd'huy & en sa propre as-

siette tout ainsi & aussi proprement que s'il y fust esté doucement & reueremment posé par vn homme d'Eglise. Ce qui nous a encore dauantage esleué & confirmé en la creance du susdict miracle, ayant le tout delaissé au susdict estat iusques a ce que nous en ayons receu le decret de vostre Reuerendissime Seigneurie, Signé de mesme que dessus, & plus bas les suy- uans.

ATTESTATIONS.

Nous soubsignez, attestons tous vnanimement auoir veu & recon- gneu tout ce que dessus,

G. MOLIN Prestre. I. MATHOLON Prestre. I. CLEMENT Diacre. BVDOT MERCIER. CHALON.

IE ne sçay que ie doy faire, ou si ie me
dois fondre en cris de ioye, ou si ie me
dois tremper en larmes, contemplant
d'vn costé la bonté de ce grand pere de
l'vniuers, & de l'autre l'ingratitude de
l'homme & sa folie, qui luy faict bou-
cher les yeux pour ne recognoistre ceste puissace supreme. Il voit tous ces aduertissemens, & n'en faict conte, il re-
garde ces merueilles & ne s'en esmeut
point, il recognoist ceste souueraine Majesté, & ne la respecte point, ô impruden-
ce de l'homme, ames bastardes & casa-
nieres, qui faites si peu d'estat de vostre
salut, bien que voſtre bon pasteur vous
y appelle par tant d'aduertissemens, voire & vous y contraigne comme par force par ces signes si euidens où il vous
faict voir en gros traicts les rayons de
son pouuoir & de sa sagesse, quelle excu-
se pourrez-vous plastrer pour vous ex-
cuser deuant sa face courroucée au iour
de sa derniere seance, quand il vous re-
prochera voſtre ingratitude, n'ayant
voulu faire voſtre proffit de ses aduertissemens, ny recognoistre sa grandeur en
ses œuures miraculeuses.

    Mais que diront maintenant ceux de

la Religion pretenduë reformee ? n'est-
ce pas à eux principalemēt que cela s'ad-
dresse? N'est-ce pas vn coup de marteau
qui vient rompre leurs opinions reuesu-
ches, pour leur monstrer qu'ils se trom-
pent trop lourdement ? S'ils ne sont en
tierement obstinez, & resolus au mar-
ché faict de leur perte, ils ouuriront les
oreilles à ceste fois, & dessilleront les
yeux pour recognoistre la verité de ce
tres-auguste Sacrement qu'ils ne peuuent digerer en aucune façon, ny comprendre vn si haut mistere, n'y portant
que le iugement humain, comme si c'e-
stoit bien vne chose qui fust de son gib-
bier, & non de la foy entierement, qui
seule le peut embrasser, captiuant tout
ce qui est du sens humain, & le faisant
ployer à son authorité.

Ils n'oseront plus dire que ce soit du
pain simplement, car du pain n'auroit
iamais ceste puissance, ny vne figure,
puisque les figures ne se sçauroient ainsi
reuencher des flammes & des embrase-
mens se sauuant du milieu d'iceux sans
estre offencees en aucun endroit, voire
cōseruer le lieu où elles sont encloses du
mesme danger : que diront ils donc que
c'est?

c'eſt? Ie neſçay, ſinon que ie penſe que
touchez ſi au vif ils recognoiſtront la verité, & confeſſeront leur erreur, la con-
feſſant ils la reietteront, & la reiettant
ils ſe reüniront au giron de l'Egliſe qui
leur ouure le ſein, & les inuite de s'y iet-
ter s'ils ne ſe veulent perdre. Ces ſignes
ſont pour authoriſer ſa doctrine & ſa
croyance, comme eſtant le vray pillier
& la collomne de verité où nous nous
deuons arreſter, recognoiſſant que Dieu
combat pour elle, & la fortifie des effets
de ſon bras tout puiſſant : Ie les conuie
donc, & les exhorte de ne s'opiniaſtrer
en leurs opinions, & de pezer exacte-
ment ce ſuiet qui reüeillera leurs cœurs,
& les appelera à la cognoiſſance de leur
faute, que s'ils n'en font leur proffit, ce
ſera pour leur ſeruir d'accuſatiõ au iour
du grand iugement, & les conuaincra
auec plus de confuſion. Et partant qu'ils
y penſent, & recognoiſſent les ſignes
que Dieu leur faict les appelant à ſa ber-
gerie Sacrée auec ſes eſleus, qui autrement ſe cõuertiront en fleaux & en fou-
dres pour les accabler.

Et aux fideles que leur dirons-nous?
N'ont-ils rien en cecy? Ouy c'eſt à eux

qu'il s'addreſſe pour les fortifier, & con-
firmer en leur croyance, & pour les ac-
courager dauantage à deuorer toutes les
trauerſes que Sathan leur met au deuant
ſans ſe laiſſer emporter à ſes aſſauts qui
les contreſoufflent d'ordinaire pour taſ-
cher de leur faire faire nauffrage en la
foy, & les faire broncher à l'erreur: mais
non, qu'ils rallument leurs courages à
ce diuin flambeau qui les vient eſclai-
rer, qu'ils contemplent que ce ſont des
faueurs de leur maiſtre qui les grattifie
de ces eſclats de ſa toute puiſſance, pour
leur faire voir ſous quels eſtendards & à
la ſuite de qui ils combattent, quand ils
conſidererõt ceſte ſainĉte Hoſtie, vrayement ſainĉte & ſacrée, marcher deuant
eux, ſans toucher en terre, touſiours en
haut, & ne pouuant deſcendre que ſur
le ſainĉt autel, pour leur monſtrer que
leurs affections doiuent entierement e-
ſtre arrachées de la terre, & marcher au
deſſus d'icelle pour ſe porter au ciel, où
eſt leur demeure & où ils doiuent aller
prendre logis, & quelles ne doiuent deſcendre que ſur l'autel de leurs conſcien-
ces pour y diſſiper tous les brouillards
de peché qui les obſcurciſſent. Qu'elles

le

le considerent donc, & s'estonnent de voir ainsi ce sacré vaisseau, le sainct Ciboire qui contre sa nature qui ne respire que la terre & tire tousiours en bas, se soit ainsi soustenu en l'air sans estre appuyé de rien, ait triomphé des flammes, & soit demeuré victorieux parmy les cendres de tous les ornemens qui l'enuironnoient. Que tous se cõsolent dõc, & que le lecteur se contente de ce petit discours où i'ay recueilly ce qui m'a esté possible suiuant la verité pour le peu de temps que i'ay eu, attendant qu'on en ait enuoyé plus amples attestatiõs qu'on dresse, & lors ie les luy feray voir plus amplement auec toutes ses circonstances, pourueu que ie voye que ceste verité & abregé luy ait esté agreable.

F I N.

APPROBATION.

SEs œuures & merueilles que la puissante majesté de Dieu faict, ou, quand, comme, & en la presence de qui elle veut, doiuent estre reuelees en la face des peuples, a ce que les loüanges pour ce subiect a elle deuës, luy en soient rendues, & la mauuaise creance de ceux qui sont reuesches à croire, soit confondue. A ce ceste histoire seruant, elle pourra voir le iour sur les asseurances qu'on a de la verité d'icelle, en attendant des attestations plus grandes, & elle ne contient rien en son recit qui ne soit Catholique, & conforme a la foy de l'Eglise Chrestienne, Catholique, Apostolique, & Romaine. Faict à Lyon, ce premier de Iuillet 1608.

Frere ROBERT BERTHELOT Euesque de Damas, Suffragant de Lyon.

BIBLIOTHEQUE NATIONALE DE FRANCE
3 7531 00759483 2

9 782014 445688